ÉDITIONS SAINT-SÉBASTIEN

-2016-

LA GUERRE

AUX

JÉSUITES

OU

LES JÉSUITES ET LA PERSÉCUTION

PAR

LE R.-P. FÉLIX

Discours prononcé le 31 août 1877 en l'église du Jésus, rue de Sèvres, 35, à Paris

TROISIÈME ÉDITION

PARIS

MAISON JOUBY & ROGER

A. ROGER & CHERNOVIZ, LIBRAIRES-ÉDITEURS

7, RUE DES GRANDS-AUGUSTINS, 7

1878

LA GUERRE
AUX JÉSUITES

CHEZ LES MÊMES ÉDITEURS

OUVRAGES DU MÊME AUTEUR

LE PROGRÈS PAR LE CHRISTIANISME

CONFÉRENCES DE NOTRE-DAME DE PARIS

de 1856 à 1872

17 vol. in-8°, papier vélin glacé. Prix : 61 fr. 50

Chaque volume séparément : 4 fr.

Conférences de 1856. — *La Question du Progrès.*
Conférences de 1857. — *Nécessité du Progrès moral.*
Conférences de 1858. — *Le Progrès moral par la Sainteté chrétienne.*
Conférences de 1859. — *Le Progrès social par l'autorité.*
Conférences de 1860. — *Le Progrès de la société par la famille*
Conférences de 1861. — *Le Progrès par l'éducation chrétienne*
Conférences de 1862. — *Progrès de l'intelligence par l'harmonie de la raison et de la foi.*
Conférences de 1863. — *Le Progrès de la Science par la foi au mystère.*
Conférences de 1864. — *La Critique nouvelle devant la science et le christianisme.*
Conférences de 1865 — *La Négation naturaliste et le Surnaturel.*
Conférences de 1866. — *L'Economie antichrétienne devant l'homme.*
Conférences de 1867. — *L'Objet et la Nature de l'art.*
Conférences de 1868. — *Le Progrès par la Religion.*
Conférences de 1869. — *Le Progrès par l'Eglise.*
Conférences de 1870. — *Le Progrès par l'autorité de l'Eglise.*
Conférences de 1871 (Liége). — *Le Progrès par la maternité de l'Eglise.*
Conférences de 1872 (Toulouse). — *La Paternité pontificale.*

La France devant le Sacré-Cœur. Broch. in-8° ...... 1 fr.
L'Infaillibilité pontificale. Broch. in-8° .... 1 fr.
Protestantisme, Anglicanisme, Moscovitisme. Br. in-12 1 fr.

Paris. — E. DE SOYE et FILS, imprimeurs, place du Panthéon, 5.

AU TRÈS-RÉVÉREND PÈRE BECKX

SUPÉRIEUR GÉNÉRAL DE LA COMPAGNIE DE JÉSUS

Mon Très-Révérend Père,

Je suis profondément reconnaissant, et filialement heureux et touché, de ce que Votre Paternité ait daigné m'autoriser à lui faire la dédicace de ce modeste opuscule.

A qui mieux qu'à vous pouvais-je dédier ces pages qui rappellent l'histoire et exposent le mystère de notre vie persécutée? Qui plus que vous, en effet, sent le poids des persécutions qui, aujourd'hui comme toujours, s'attaquent aux enfants d'Ignace de Loyola? Comme saint Paul portait, dans son cœur d'apôtre, la sollicitude et ressentait les douleurs de toutes les Eglises; ainsi vous portez, dans votre cœur de père, la sollicitude et ressentez les souffrances de notre Compagnie tout entière. Les coups redoublés qui, dans ces derniers temps, en Italie, en Sicile, en Espagne, en Suisse, en Allemagne, et ailleurs, ont frappé sur un si grand nombre de vos enfants, ont eu, — je le sais, — dans votre cœur paternel, un retentissement aussi douloureux que profond, et, parmi tous les successeurs de notre père saint Ignace, nul, peut-être plus que vous, n'a pu entendre, dans les perpétuelles angoisses d'un cœur tant de fois déchiré, l'écho de cette prophétique parole de notre saint fondateur : Vous serez toujours persécutés.

Puisse, mon Très-Révérend Père, ce petit livre

trop peu digne de ce grand sujet, encourager et consoler tous les vrais enfants de l'Eglise catholique notre Mère, et en particulier, tous les vrais enfants de notre mère la Compagnie de Jésus, en leur révélant de plus en plus, à la lumière même de notre histoire, le mystère caché de cette parole de la Sainte-Ecriture, si bien faite pour consoler et encourager tous les persécutés de ce monde : « Tous ceux qui veulent vivre pieuse-« ment en Jésus-Christ Notre-Seigneur, souffri-« ront persécution; *Omnes qui pie volunt vivere « in Christo Jesu, persecutionem patientur.* » (II, Tim. III, 12.)

Puisse, surtout, votre paternelle bénédiction, fécondée par votre prière, assurer à cette œuvre toute filiale le seul succès qu'ambitionne son humble auteur : faire mieux comprendre aux âmes prévenues ou obscurcies par le préjugé, la destinée, généralement, hélas, trop incomprise de notre petite Compagnie, appelée, par un dessein secret de la divine bonté, à réaliser dans son histoire la prière de son illustre fondateur, et surtout, à accomplir la prophétie du divin Maître lui-même : « Vous serez haïs à cause de mon nom; *odio eritis propter nomen meum.* » (Matt. x, 22.)

Daignez agréer, mon Très-Révérend Père, le pieux hommage que j'ai l'honneur et la joie de déposer à vos pieds. Permettez-moi d'y joindre celui de l'amour le plus filial, et du respect le plus profond avec lesquels je suis heureux de me dire, de Votre Paternité, le très-humble et très-obéissant fils en Notre-Seigneur.

J. FÉLIX, S. J.

Nancy, 22 novembre 1877.

LES JÉSUITES
ET LA PERSÉCUTION

> *Ecce positus est hic... in signum cui contradicetur.*
> Voici qu'il a été posé comme un signe de contradiction.
> (Luc, ii, 34.)

Monseigneur (1),

Cette parole prophétique, que le vieillard Siméon laissait tomber sur l'Enfant de Bethléem, ne vous semble-t-il pas qu'elle aurait pu retentir, dans toute sa vérité, sur le berceau du grand homme, de l'admirable saint dont cette fête évoque aujourd'hui pour nous la glorieuse mémoire ? Qui plus que lui, en effet, après Jésus-Christ

(1) Son Ex. le Nonce apostolique, Mgr Meglia.

lui-même, a rencontré dans l'humanité la contradiction, l'opposition, la guerre, la persécution ?

Cet homme, à tant de titres, digne de l'admiration et de la reconnaissance de ses semblables ; cet homme qui, jeune encore, se révélait dans le monde comme le type accompli du gentilhomme, du soldat, du chevalier sans peur et sans reproche ; cet homme qui, une fois entré dans la voie de la sainteté, y marcha à pas de géant, et, par des prodiges d'abnégation et de courage devint, en quelques années, grand même parmi les saints ; cet homme qui, rêvant la conquête du monde entier pour le salut des âmes et la gloire de Dieu, jeta dans la mêlée ardente des siècles nouveaux une vaste légion d'apôtres soldats, vouée tout entière et jusqu'à la mort à l'extension et à la défense du règne de Jésus-Christ ; cet homme que tant de pontifes ont loué, et que l'Eglise a placé sur ses autels : chose étrange ! cet homme est méconnu de cette humanité qu'il a voulu servir; et on peut bien le nommer, avec l'un de ses panégyristes, un *sublime incompris*. Il a rencontré la contradiction dans toute sa vie, et il l'a rencontrée plus encore après sa mort. Tandis que l'Eglise catholique a mis et maintenu sur son front l'auréole de la gloire et de la sainteté, il porte, au milieu de notre monde nouveau, une couronne d'opprobre et d'impopularité : « Mystère honteux pour « la nature humaine, » disait naguère un orateur chrétien, « que l'impopularité de « cet incomparable patriarche (1). » Or, l'impopularité attachée au nom de ce grand homme, qui s'appelle Ignace de Loyola, s'attache aussi partout et toujours à cette grande Institution qui est, dans les espaces et les siècles, comme un prolongement et une extension de lui-même, et qui se nomme la Compagnie de Jésus. Ignace de Loyola, Compagnie de Jésus, noms

(1) Le R. P. Caussette.

chers et doux de mon père et de ma mère ; noms à jamais bénis et à jamais vénérés, mais, en même temps, noms à jamais maudits et persécutés comme nul autre ne l'a été sur la terre ! Non, mes frères, non, jamais homme plus que cet homme, jamais institution plus que cette Institution, n'a réalisé la parole tombée sur le berceau du divin persécuté : « *Signum cui* « *contradicetur*, » il sera un signe de contradiction. » Jamais homme n'a mieux reproduit, dans sa personne, la persécution de Notre-Seigneur Jésus-Christ ; et jamais institution n'a mieux reproduit, dans son histoire, la persécution de notre Mère l'Eglise.

J'aurais voulu pouvoir montrer, dans un seul discours, ces deux grandes représentations ; mais la matière dépasserait les limites que le temps et votre attention m'imposent. Je considérerai donc surtout le phénomène de la persécution dans l'œuvre d'Ignace, c'est-à-dire, dans l'existence historique de la Compagnie de Jésus. Ce sera, en un sens vrai, la considérer encore en lui-même ; car, dans l'œuvre qu'il a laissée après lui, c'est *lui* encore, toujours *lui* qu'on persécute.

J'essayerai de montrer, dans la Compagnie de Jésus, autant du moins que le comporte un discours, le prodigieux phénomène de la persécution qui remplit et constitue toute son histoire : nous y verrons la représentation la plus douloureuse et, en même temps, la plus éclatante image de la persécution qui atteint, depuis bientôt deux mille ans, l'Eglise catholique elle-même.

Certes, mes frères, nous ne réclamons pas pour nous seuls l'honneur de cette destinée : représenter le Christ et l'Eglise persécutés. La persécution, tous les ordres religieux, et dans une mesure, tous les chrétiens la connaissent avec Jésus-Christ et son Eglise. Mais l'histoire est là ; elle a marqué plus spécialement notre famille religieuse du sceau de notre divin persécuté et de sa divine épouse. C'est ce caractère que je voudrais surtout ici mettre en relief, en livrant à vos méditations un phénomène historique que l'on ne rencontre nulle part ailleurs, en dehors de l'Eglise elle-même. Toutes les familles religieuses représentent Jésus-Christ, mais elles représentent plus spécialement une face de Jésus-Christ : l'une représente mieux sa pauvreté, l'autre son austérité, une autre son humilité. Notre société a reçu la vocation de représenter davantage, dans son divin modèle, la vie *persécutée*. C'est, en tout cas, le fait éclatant et public, le fait tout d'abord assez mystérieux de notre histoire. Montrer dans ses grandes lignes ce fait de notre destinée ; expliquer le mystère ou la raison secrète de ce fait, c'est le sujet et la division de ce discours.

Ce que je vais dire tomberait mieux des lèvres d'un homme plus étranger que moi à l'Institut de Loyola. La Compagnie de Jésus est ma mère ; vous me pardonnerez d'en parler comme un enfant peut et doit parler d'une mère, avec un filial amour et une filiale franchise. Et parce que je considère tout ce pieux auditoire, si assidu dans ce sanctuaire, comme une sorte de prolongement de notre famille religieuse, j'oserai vous en parler avec la sainte et douce liberté de la famille. Ce n'est pas vous qui demanderiez à un fils, de taire les souffrances et de voiler les gloires de sa mère.

MONSEIGNEUR,

Il m'est particulièrement doux de traiter un tel sujet devant un illustre représentant du Saint-Siége ; et je ne puis ne pas dire ici tout haut, combien je me sens heureux de recevoir pour moi, pour tous mes frères et pour tout ce pieux auditoire, dans votre bénédiction, la bénédiction de cet auguste persécuté qui se nomme Pie IX.

I

Ce qu'il faut considérer surtout, dans les instituts sortis des entrailles toujours fécondes de l'Eglise catholique, c'est le fait de leur existence, c'est le phénomène de leur vie historique. L'histoire est la manifestation visible des institutions. Donc, ce qu'il importe, tout d'abord, de constater et de mettre dans une pleine lumière, c'est, au point de vue où nous sommes, le *fait* historique dè la persécution qui, depuis trois siècles, s'attaque avec une opiniâtreté toujours ancienne et toujours nouvelle, aux fils de Loyola, à la Compagnie de Jésus : fait prodigieux, fait unique, — en dehors de l'Eglise, — par les proportions qu'il présente, et qui nous apparaît comme une éclatante image de la persécution de l'Eglise elle-même.

Ce fait historique se produit, en effet, avec les trois dimensions et sous les trois aspects qui l'assimilent le plus possible à la persécution même dont l'Eglise est l'objet; autant du moins qu'un fait humain peut ressembler à un fait divin, et une chose périssable à une chose immortelle.

Comme l'Eglise et avec l'Eglise, depuis la première heure de sa vie, notre petite Compagnie est attaquée *toujours*, attaquée *partout*, attaquée en *tout;* et, ce triple caractère de l'agression qui nous atteint, révèle dans notre histoire une persécution trois fois universelle, c'est-à-dire catholique, comme la persécution même de l'Eglise.

Et tout d'abord, ce qui frappe dans l'histoire de notre Compagnie, comme dans l'histoire de l'Eglise, c'est la continuité dans l'attaque, c'est la *permanence* dans la contradiction et la persécution. Chose étonnante ! L'Eglise, l'institution la plus sainte, la plus sublime, la plus pure, la plus bienfaisante et la plus vraiment salutaire, l'Eglise catholique, toujours contredite, toujours attaquée, toujours persécutée ! Jamais rien de semblable ne s'était vu et n'avait pu se voir dans le monde. Seule, la vérité pleine peut susciter cette opiniâtreté de la haine et cette permanence de la contradiction. Il y a là un fait miraculeux, une révélation du divin, qui ne se produit nulle part ailleurs.

Pourquoi, et dans quel dessein, Notre-Seigneur a-t-il voulu, au moins dans une certaine mesure, associer notre Compagnie à ce douloureux privilége de notre divine Mère, l'Eglise catholique? C'est son secret, et nous n'avons pas ici à le pénétrer. Nous constatons un fait, un fait rayonnant de l'éclat de sa propre évidence, et défiant toute contestation. Ce fait, le voici, vu sous sa première face : depuis plus de trois cents ans qu'il marche dans les orages de notre monde nouveau, le bataillon d'Ignace n'a pu trouver un jour de trêve, ni une heure de repos. On dit que le créateur de cette légion militante, eut la vision prophétique de cette étrange destinée. Lorsqu'il se rendit à Rome, pour obtenir du Saint-Siége la confirmation et la consécration de son œuvre, le Sauveur lui apparut près de la ville, portant la croix sur ses épaules, et il lui dit en le regardant : « Ignace, je « te serai propice à Rome ; *Romæ tibi pro-* « *pitius ero.* » Cette vision donna au saint fondateur la double certitude qu'il surmonterait tous les obstacles que son institution allait rencontrer à Rome même, et que cette institution une fois organisée elle aussi, porterait sa croix, et que la persécution ne lui manquerait jamais. On ajoute même qu'Ignace demanda et obtint, pour les siens, ce singulier privilége : être attaqués et persécutés toujours.

Ainsi, pour notre Compagnie, comme pour l'Eglise, la prophétie aurait précédé l'histoire de notre destinée. Si la prophétie est authentique, rapprochée de notre histoire, elle emprunte à ce rapprochement lui-même quelque chose qui touche au miracle ; car la prophétie éclaire l'histoire, l'histoire éclaire la prophétie ; et ces deux lumières, en se rencontrant, doublent leur mutuelle clarté.

Quoi qu'il en soit de la certitude de cette vision prophétique, que je ne discute pas ici ; ce qui est hors de toute contestation, c'est ce fait déjà trois fois séculaire : *la Société de Loyola persécutée toujours.*

Comme le Christianisme, à peine née, la persécution la saisit au berceau. Cette légion nouvelle, que son chef nomme partout : *Notre petite Compagnie ;* cette légion, petite encore, en effet, par le nombre, mais déjà grande par l'héroïsme de ses premiers soldats, excite des susceptibilités, des ombrages et bientôt des haines.

Malgré la solennelle approbation du Pontife suprême, proclamant les nouveaux apôtres *de forts rameurs de la barque de*

Pierre; malgré les gigantesques conquêtes de François Xavier, qui donne à la catholicité tout un monde nouveau; malgré le rôle éminent que remplissent, au concile de Trente, d'autres frères d'Ignace; malgré une rapide et brillante floraison d'œuvres en tous genres, écloses sous le souffle ardent de la Société naissante; malgré les sympathies qui, de toutes parts, applaudissent à sa naissance et honorent son berceau : rien n'empêche la guerre d'éclater autour d'elle. Que dis-je? Ces gloires même du berceau multiplient les hostilités. Les hauts faits de ces commencements sèment les haines sur les pas de nos héros pacifiques; et l'œuvre d'Ignace, c'est-à-dire l'œuvre d'un *persécuté*, naît dans la persécution, pour marcher dans la persécution.

A partir de ces temps héroïques, il est facile de suivre, dans l'histoire de la petite Compagnie, les principales étapes de sa vie persécutée, ou si vous voulez, les principales stations de sa vie crucifiée. Vous voyez, dans cette vie militante, l'agression succéder à l'agression, et quelquefois toutes ces agressions se rencontrer ensemble, pour essayer de l'accabler, de la décourager et même de l'anéantir.

Vous voyez, en première ligne, éclater l'agression ou la persécution *protestante*. Le protestantisme, dès l'origine, se révéla comme l'ennemi-né de la Compagnie de Jésus; et depuis, il n'a pas cessé, même un jour, de la poursuivre de ses haines irréconciliables. Pourquoi s'en étonner? La Compagnie naît en pleine explosion de la nouvelle hérésie; elle est la réaction directe contre le protestantisme; le combattre, et l'arrêter, est sa première raison d'être. Ignace fait équilibre à Luther, et son œuvre fait équilibre à la réforme.

Partout, ou peu s'en faut, en Allemagne, en Suisse, en France, en Angleterre, les conquêtes de l'hérésie reculent ou s'arrêtent devant les fils d'Ignace; et on peut dire tout haut, par la parole, ce qui brille dans l'histoire : à savoir, que ce qui est resté en Allemagne de vrai catholicisme, de ce catholicisme qui se ravive aujourd'hui dans la persécution, est dû, en grande partie, au zèle intrépide et militant des premiers soldats de la jeune Compagnie. De là, sur la tête de nos frères, une accumulation prodigieuse de rancunes, de calomnies, de haines, d'agressions de tout genre, de persécutions enfin, suscitées par le protestantisme.

Avec l'agresssion protestante, voici venir bientôt l'agression *Janséniste*, moins armée contre nos frères, de force, de violence et de brutalité, mais plus armée de ruse, d'hypocrisie et d'habileté. La Compagnie de Jésus est l'épouvantail du Jansénisme ; et tout vrai fils d'Ignace est la bête noire de tout vrai disciple de Jansenius. C'est que, comme l'armée de Luther, l'armée de Jansenius trouve devant elle, pour la combattre et l'arrêter, le bataillon de Loyola. Aussi, contre ces adversaires qu'il rencontre partout, de la part du Jansénisme, quelle lutte acharnée, quelle guerre d'intrigues, de ruses, de mensonges et de falsifications ! Depuis le livre tristement célèbre du menteur illustre que Châteaubriand nommait bien « un calom-« niateur de génie, » jusqu'au plus misérable pamphlet du parti, quelle nuée de mensonges accumulés contre nous, et quelles montagnes de mépris accumulés par ces mensonges eux-mêmes !

A ces deux agressions, une troisième allait s'unir en s'appuyant sur les deux autres, acceptées comme auxiliaires et complices ; c'était l'agression anti-chrétienne, l'agression *Voltairienne*. L'apostat de ce Christ, qui l'avait marqué de son signe, était traître aussi à cette compagnie, qui l'avait élevé dans son sein, et qu'il a juré d'exterminer. Le serment qu'il avait fait contre la religion de Jésus-Christ, il le fit aussi contre la société d'Ignace ; et l'abominable souhait que tirait de son cœur, contre l'Église et contre nous, ce patriarche de l'impiété moderne, je n'oserais pas le redire ici, tant le fond en est satanique et la forme révoltante !

Cet homme fatal, bientôt se nomma légion ; et cette légion de l'anti-christianisme naissant, elle aussi, rencontra, plus ou moins par tout, pour lui barrer la route, la légion d'Ignace, déjà aux prises avec les soldats de Luther et de Jansenius. Et, quand on se rappelle le mot d'ordre infernal donné aux siens par cet autre père du mensonge et de la calomnie : « *Mentez, mentez hardiment ;* » on peut deviner, d'avance, ce que ce mauvais génie, — puisque que génie il y a, — a pu, avec tous ses complices non moins acharnés que lui-même, pour amasser contre nous dans son siècle, et transmettre à sa postérité, cet héritage de préjugés, d'erreurs, de mensonges, de calomnies, de mépris et de haines, que la Compagnie de Jésus retrouve toujours devant elle dans les générations naissantes.

Ceux qui voudront se rendre compte de ces trois agressions successives et quelquefois simultanées, du Protestantisme, du Jansénisme et du Voltairianisme, pourront déjà répondre à cette question qui se pose à notre égard devant les consciences même les plus honnêtes : pourquoi, contre les mêmes hommes, tant de haines accumulées? comment, contre des innocents, cette permanence de la persécution?

Certes, mes frères, ces trois armées un jour coalisées, et marchant contre nous comme un seul homme, c'était assez, c'était trop déjà pour nous écraser trois fois. Mais nous avions la vie dure; et, pour nous tuer tout à fait, il fallait que d'autres ennemis conspirassent avec ces ennemis. A cette triple agression il manquait, pour assurer sa victoire momentanée, l'agression de nos parlements et même de nos gouvernements.

Donc, un jour, ceux-ci donnant la main au Protestantisme, au Jansénisme et au

Voltairianisme, firent contre nous le serment qu'Annibal avait fait contre Rome. Pour complaire à la haine de Luther, de Jansenius et de Voltaire, on jura d'exterminer la petite légion qui avait grandi dans la lutte, et, en ce temps-là, était devenue une armée de vingt-quatre mille soldats, répandus dans le monde entier. Un immense cri d'extermination retentit alors d'un bout de l'univers à l'autre, et surtout en Europe : *A bas les fils de Loyola!* « Pour sauver la « société, il faut que la Compagnie de « Jésus périsse. » En d'autres termes, pour sauver du naufrage le vaisseau de l'Etat déjà battu par le flot montant des tempêtes sociales, il fallait que nous fussions jetés à la mer.

Des politiques vinrent, qui posèrent en axiome ce cri des haines et des impiétés rugissantes ; et des ambassadeurs des rois très-chrétiens et très-catholiques, furent vus se donnant la main, pour mener à consommation ce souhait des impiétés et des haines conjurées. Les rois même, dont nous avions le plus défendu la puissance et connu les bienfaits, eux aussi, cédant au vent qui passait alors sur leurs trônes, se liguèrent et conspirèrent contre nous, pour obtenir que le Souverain Pontificat lui-même donnât le coup de la mort à cette armée de dévoués, organisée pour le défendre. Et un jour, obsédé jusqu'à une violence morale par les agents obstinés de cette quadruple conspiration, un pontife, protecteur-né de cette famille religieuse, est amené à la sacrifier, et à laisser jeter aux flots menaçants ces 24,000 rameurs de la barque de Pierre. Et bientôt, l'infortuné pontife, bourrelé de remords, et vengeant par un regret tardif le coup porté à ses propres défenseurs, fut entendu s'écriant dans une désolation suprême : « On « m'y a forcé; je l'ai fait malgré moi... *Compulsus feci! Compulsus feci!*

L'histoire a raconté, et nous sommes heureux de nous faire ici un faible écho de sa voix véridique : ce coup du Père, atteignant à la fois 24,000 de nos frères, n'arracha de la poitrine même d'un seul, aucun murmure contre cette immense immolation. L'obéissance, cette loi souveraine de la compagnie, lui fit accepter, sans révolte et sans colère, même la mort : mort momentanée, mort violente et vraiment exceptionnelle, que Dieu sans doute n'avait permise, que pour donner un jour à l'Institut, par la gloire de sa résurrection, une ressemblance de plus avec le divin Persécuté. Quoi qu'il en soit, cette mort, destinée à arrêter la tempête sociale, grondant déjà dans le lointain, la précipita, au lieu de l'arrêter. La Révolution, débarrassée d'un adversaire qui lui faisait obstacle, accéléra sa marche sur la pente où la France glissait vers l'abîme. L'orage bientôt éclata ; et, dans quel nuage se coucha le siècle de Voltaire, l'histoire l'a écrit partout, avec du sang, sur des ruines immenses.

Et, quand la tourmente eut passé sur notre monde ravagé, la Compagnie immolée par Clément XIV, en 1773, rappelée de sa tombe par la voix de Pie VII, en 1814, reparut, comme son Christ, dans l'auréole des ressuscités.

Mais le mauvais génie qui avait demandé sa mort, la poursuivit après sa résurrection ; et en deçà comme au-delà de cette tombe, d'où elle venait de sortir, pour reprendre sa vie militante, elle retrouva devant elle les mêmes ennemis, surtout la grande ennemie du Christ et de son Eglise, *la Révolution*, la Révolution qui se nomme communisme, qui se nomme socialisme, qui se nomme radicalisme, et qui, aujourd'hui, comme il y a cent ans, crie partout : Arrière les fils de Loyola ! Moi, la Révolution, je le proclame devant le monde entier, ils n'ont droit qu'à l'exil, à la spoliation et à la mort ; partout, toujours, je les poursuivrai, *persequar* ; et, si je le puis, quand j'aurai dans ma main la puissance et le glaive, je les briserai, *confringam eos*; et ils ne subsisteront plus, *et non poterunt stare*.

Vous en conviendrez, mes frères, voilà dans notre histoire un fait déjà bien étonnant : être attaqués et persécutés toujours.

Mais l'étonnement redouble, lorsqu'on vient à considérer, que cette institution persécutée *toujours*, est, en même temps, persécutée *partout*. Comme il se rencontre à tous les points de la *durée*, il se rencontre aussi à tous les points de *l'espace*, des préjugés pour nous atteindre, des haines pour nous poursuivre, des glaives pour nous frapper.

Cette seconde face de notre histoire n'a pas moins lieu de nous étonner que la première; nous y marchons d'étonnement en étonnement; et rien ici, si ce n'est l'Eglise elle-même, ne paraît déroger davantage aux lois ordinaires, que suit la persécution contre les hommes et les choses. Règle générale, les mêmes raisons d'attaquer les hommes ou les choses ne se rencontrent pas également partout. Comme les haines agressives et les fureurs persécutrices sont *transitoires*, elles sont *locales*; comme leur flamme ne brûle pas *toujours*, elle ne brûle pas *partout*. Toutes les nations ne se prennent pas, d'habitude, contre les mêmes hommes et les mêmes choses, des mêmes haines, des mêmes préjugés, des mêmes défiances. Souvent, ce qu'un peuple méprise, un autre l'honore; ce qui est persécuté à l'Orient, est applaudi à l'Occident. Et, à moins de personnifier en soi tout ce que l'humanité abhorre, à moins d'être dans le monde humain quelque chose de monstrueux, on ne soulève pas contre soi l'universalité de la répulsion, de la haine et de la persécution.

Or, nous voudrions en vain voiler cette seconde face de notre histoire : comme nous sommes repoussés, haïs et persécutés toujours, nous sommes, depuis trois siècles, repoussés, haïs et persécutés partout ; oui, partout, dans tous les pays, où nous avons dressé les pavillons de notre vie militante, nous avons été repoussés, haïs, persécutés, non pas de tous, remarquez-le bien, mais d'une fraction des générations vivantes. Par là éclate aux regards de tous, dans notre petite Compagnie, un second trait de ressemblance avec cette divine persécutée qui se nomme l'Eglise Catholique.

L'Eglise, en effet, a, si je le puis dire, cette catholicité de plus : la catholicité ou l'universalité de la persécution. Partout où cette immortelle voyageuse met le pied et lève son drapeau, elle se suscite des ennemis, des persécuteurs, des bourreaux ; et l'universalité de son martyre n'est ni moins miraculeuse ni moins divine que sa perpétuité.

Et ici encore, autant que l'humain peut imiter le divin, l'histoire de notre Mère la Compagnie de Jésus, imite l'histoire de notre Mère l'Eglise catholique. Ce qui est passé et ce qui est présent, ce qui est lointain et ce qui est proche, tout rend le même témoignage.

Ce qui est passé et ce qui est lointain, ah ! comment pourrais-je le dire? et comment, en quelques mots, vous découvrir ces vastes horizons où notre Compagnie brille de la gloire douloureuse et parfois sanglante des persécutés?

Parcourez, d'un vol rapide, toutes les contrées de la terre où nos frères ont paru, pour élever l'enfance, exercer le ministère, porter la parole de l'apostolat ou le sang du martyre : Quels rivages ne retentissent des malédictions de leurs ennemis? Quelle contrée ne les a vus attaqués, insultés, proscrits, expulsés? Quels chemins, illustres ou obscurs, n'ont gardé la trace de leurs pieds fugitifs? Quel climat, quel ciel âpre ou clément ne les a vus emportés de toutes les patries, à travers tous les exils? Quelle nation, et pour ainsi dire, quelle cité ne garde un monument qui parle et dit jusqu'en son silence : c'est ici qu'ils priaient ; c'est ici qu'ils parlaient ; c'est ici qu'ils cultivaient nos âmes et formaient nos enfants, lorsqu'on les a chassés. Et, combien qui disent avec la voix funèbre des tombeaux : c'est ici qu'ils sont morts ; c'est ici qu'on les a tués ; voici la trace de leur sang !.. Ces régions, ces peuples, ces cités qui les ont vu persécuter, exiler, proscrire, massacrer quelquefois, qui pourrait les énumérer seulement? Leurs noms déborderaient par-delà les limites de ce discours. Ah ! si j'avais le temps de vous faire un abrégé de cette prodigieuse histoire; vous nous verriez chassés de continents en continents, de royaumes en royaumes, de républiques en républiques, de provinces en provinces, et même de cités en cités, emportés tour à tour à l'Orient et à l'Occident, au midi et au septentrion, balayés enfin, comme la poussière des chemins, par tous les vents de la persécution, et, comme elle, poussés par les souffles capricieux de l'ouragan, allant retomber sur n'importe quel rivage de la terre!

Mais, mes frères, laissons, si vous voulez, les violences qui nous ont poursuivis, et les coups qui nous ont frappés dans les contrées les plus *éloignées* de vous. Ne disons pas, en combien de lieux, combien de fois, et de quelle manière, nous avons été, çà et là, persécutés dans les Indes, persécutés en Chine, persécutés au Japon, persécutés en Asie, persécutés en Afrique, persécutés en Amérique. Ne disons pas même, en quels lieux, en quelles cités, et combien de fois nous avons connu la persécution, au sein même de l'Europe chrétienne, en Espagne et en Portugal, en France et en Italie, en Angleterre et en Irlande, en Allemagne et en Suède, en Pologne et en Russie, en Suisse et en Autriche. Ici, les chiffres, les dates, les lieux, les choses, en se rapprochant dans un seul discours, vous tiendraient, malgré ce que vous en savez déjà, dans une sorte de stupéfaction ; et, c'est le désespoir de la parole, de ne pouvoir montrer, dans le rayon d'un seul regard, un fait qui a dans notre histoire des faces si diverses, si multiples, et en même temps si vastes, si grandioses. Ne disons pas non plus, comment ces persécutions, disséminées dans l'espace, se rencontrèrent quelquefois à peu près partout, à un même point de la durée, et souvent des extrémités les plus lointaines; ni comment parfois, comme il arrivait dans l'ère des martyrs, le même glaive de la persécution semblait nous atteindre presque partout à la fois, des deux bouts du monde et de ses limites les plus extrêmes; comment, par exemple, tandis que des milliers de nos frères apparaisssaient au Japon sur des bûchers, brûlés, consumés, rôtis, à la lettre, comme une chair vile; on les voyait sur les échafauds de la schismatique Angleterre, écartelés, mis en pièces, et, ainsi qu'on disait en ce temps-là, dans le fier langage d'Albion, *coupés en quartiers!*

Ne parlons plus que de ce qui est proche, de ce qui est, pour nous, plus ou moins présent et plus ou moins actuel. Ah! mes frères, qu'avons-nous besoin d'évoquer ici des faits éloignés de nous par l'espace ou la durée? Est-ce que les événements les plus proches, les plus contemporains, et, en quelque sorte consommés sous vos yeux, ne suffisent pas à vous instruire sur la destinée que nous fait notre divin capitaine? Est-ce que, en quelques années seulement, — sans compter tout ce qui précède, — vous n'avez pas pu nous voir proscrits, successivement et simultanément, de toute l'Espagne, de toute l'Italie, de toute l'Allemagne, et même de la libre Helvétie, naguère encore se proclamant elle-même si superbement *la terre classique de la liberté*, et qui, aujourd'hui, semble vouloir se faire, de plus en plus, la terre classique du despotisme, de l'exil et de la proscription.

Qui donc peut ignorer, qu'à l'heure qu'il

est, le libéralisme en Belgique, la franc-maçonnerie en Autriche, et le radicalisme en France, attendent l'heure, et guettent l'occasion d'ajouter trois pages de plus au livre déjà si long et si rempli de nos expulsions, de nos exils et de nos persécutions?...

Au milieu de ces proscriptions et de ces expulsions qui marquent, pour nous, tous les points de l'espace, comme tous les points de la durée, que d'hommes, que de jeunes gens, que de vieillards arrachés de leurs cellules, et jetés, sans souci de leur présent ni de leur avenir, par des despotismes sans cœur et sans entrailles, sur tous les chemins de l'Europe et du monde, à travers tous les exils! Et, derrière ces hommes fuyant leurs asiles envahis par la violence, que de sanctuaires fermés, que de maisons spoliées, que de propriétés confisquées! Et quels trésors de charité, jetés comme en pâture aux cupidités triomphantes, quelquefois à des multitudes furieuses et à des hordes avinées!..

Aussi, nos maisons, dont les fondements, les murailles et les ornements racontent vos sacrifices, que sont-elles pour nous, si ce n'est des hôtelleries où nous passons, encore plus que nous ne résidons? et, à quoi ressemblent-elles, si ce n'est à des tentes rapidement dressées, pour y abriter notre vie voyageuse et notre existence précaire? Est-ce que toutes les contrées du monde, est-ce que notre grand pays lui-même, lui surtout, par des édifices encore debout, et souvent portant le sceau de Loyola, ne disent pas assez haut que nous bâtissons comme les abeilles, c'est-à-dire pour les autres, et souvent même pour nos spoliateurs? Et ce luxe de la pauvreté et de la charité dont nous travaillons à embellir nos sanctuaires, est-ce que nous sommes jamais sûrs de le voir longtemps encore se déployer sous nos propres regards? Lorsque je vois nos sanctuaires de la Ville Eternelle, les plus beaux et les plus riches du monde, peut-être, après Saint-Pierre de Rome, envahis par l'iniquité triomphante ; quand je la vois, cette iniquité, impunie et tranquille, trônant là audacieusement, entre la spoliation, le crime et le sacrilége ; ne pouvons-nous pas nous demander ce qui pourrait advenir, demain ou après-demain, des sanctuaires décorés par votre charité ?

Mais écartons, pour le moment, de sinistres présages ; et, à la lumière qui jaillit de partout, comprenons ce que j'ai voulu montrer par ce vol rapide à travers l'espace ; à savoir, la seconde face de notre existence depuis trois siècles : notre petite Compagnie persécutée *partout* ; et, comme l'Eglise et avec l'Eglise, unissant l'universalité de la persécution à la perpétuité de la persécution.

Il restait, pour compléter notre plus grande ressemblance avec notre divin Maître et avec sa divine Epouse, que, nous aussi, attaqués toujours et partout, nous fussions attaqués et persécutés *en tout*. C'est ce qui est arrivé; et, c'est ici la troisième face, plus curieuse encore que les deux autres, de la persécution qui s'acharne contre la Compagnie de Jésus.

Même dans un ordre purement humain ou purement naturel, jamais tout, d'ordinaire, n'est attaqué, parce que jamais tout, à la fois, n'est vraiment attaquable. Tout ne peut être mauvais, dans les hommes ni dans les choses. En tout, il y a l'être et le non-être, le positif et le négatif, le bien et le mal ; de sorte que, même en ce qu'on est en droit de combattre le plus, il est toujours quelque chose que l'on peut accepter, et qu'en toute équité on ne peut ni réprouver ni combattre. Eh bien, chose bonne à méditer, Jésus-Christ qui était, comme personne, l'idéal de la perfection, et son Eglise qui est, comme institution, le grand chef-d'œuvre de sa main, sont attaqués en tout ; si bien que, dans ce divin fondateur et dans son œuvre divine, rien, absolument rien n'a pu échapper à la contradiction et à la persécution humaine.

Ce qu'on attaque surtout, dans l'Eglise de Dieu, avec un acharnement et une opiniâtreté déjà dix-neuf fois séculaires, ce sont ces quatre choses : la doctrine, l'institution, les personnes, l'action.

Cette doctrine, qui est la condensation de toute la vérité, est attaquée, dogme par dogme, par toutes les erreurs. Cette institution catholique, la constitution sociale la plus divinement simple que l'on puisse imaginer, est attaquée sur toute la ligne et à tous les degrés. Les personnes vouées au fonctionnement régulier de cette grande institution, quels que soient leur caractère, leur mérite, leur grandeur, sont en butte aux flèches de l'ennemi. Enfin, l'action de l'Eglise, dans son ensemble, la plus bienfaisante qui ait jamais paru sous le ciel, est attaquée et dénoncée, comme le fléau du monde et comme l'asservissement de l'humanité.

Est-il besoin de dire, qu'ici encore, ici surtout, nos ennemis nous font l'honneur trop peu mérité de nous attaquer, à peu près comme ils attaquent l'Eglise, et comme les Pharisiens jaloux attaquaient le Christ lui-même, c'est-à-dire qu'ils nous attaquent *en tout*?

Et d'abord, ils nous poursuivent, comme l'Eglise, dans ce qu'ils nomment notre doctrine et notre morale. Oui, ils nous attaquent dans notre prétendue doctrine; comme si ce qu'ils appellent de ce nom, était autre chose que la doctrine de Jésus-Christ et de l'Eglise ; comme si nous avions une doctrine à nous; comme si nous avions inventé un *credo*, un symbole, un *syllabus* quelconque; et, comme si nous ne devions pas dire et ne disions pas, nous aussi, en annonçant la parole du haut de toutes nos chaires : Ma doctrine n'est pas ma doctrine, mais c'est la doctrine de Celui qui m'envoie, *Mea doctrina non est mea*, *sed ejus qui misit me*.

Mais, disent nos agresseurs attitrés, si vous n'avez pas inventé un dogme, un symbole, un *syllabus;* force vous est bien de convenir que vous avez inventé une morale qui est votre morale.

Quelle morale, je vous prie? Ce n'est certes pas la morale indépendante ; nous laissons à nos adversaires tout l'honneur de cette belle découverte. La morale indépendante! c'est-à-dire, la morale, moins l'autorité qui commande et la loi qui prescrit ; la morale, moins l'obligation; la morale, moins la sanction; la morale, moins la responsabilité : ce qui revient à dire, la morale qui n'est pas la morale. On en conviendra sans peine, ce n'est pas cette morale que nous avons inventée.

— Mais si vous n'avez pas inventé la morale indépendante, il en est une qui est bien votre création : vous avez inventé la morale *relâchée*, la morale *commode*, même la morale *corruptrice*.

Voilà ce que nous reprochent, avec la

foule ignorante, tous les timorés, tous les scrupuleux de la libre-pensée, et tous les vertueux, pour ne pas dire tous les saints de l'athéisme contemporain. O innocents, ô vertueux, ô immaculés, écoutez : cette morale si relâchée, essayez de la pratiquer ; et je vous jure, sur ma conscience et devant cet autel, que vous la trouverez trop dure et trop sévère. Morale *relâchée*, morale *commode*, morale *corruptrice* ! Cela est bientôt dit; mais comment le prouvez-vous ? — Mais vous avez enseigné que sur toute question touchant au bien ou au mal moral, il y a autant de raisons contre que de raisons pour ; c'est-à-dire qu'il n'y a plus de morale, de morale certaine, de morale obligatoire.

A ceci je réponds, comme répondait un jour un prédicateur du haut d'une grande chaire : un million de récompense à quiconque découvrira, dans un seul de nos théologiens, un seul texte énonçant cette doctrine que professent, en effet, les sceptiques qui nous attaquent. Quant à la formule célèbre : *La fin justifie les moyens*, tant reprochée aux disciples de Loyola, ce n'est plus un million, c'est un milliard qu'il faut promettre à qui la surprendra dans un seul de nos discours ou dans un seul de nos livres. Ah ! Cette formule immorale, monstrueuse, comment la Révolution la pratique partout, il est superflu de le dire. Cela est écrit avec du sang, à la lueur des incendies, sur les ruines accumulées par elle ; et tout cela dit, avec une voix que tous peuvent entendre, si la Révolution, pour arriver à ses fins, sait reculer devant aucun moyen, même devant l'incendie, le massacre et l'assassinat !

Ainsi, mes frères, on nous prête pour nous mieux attaquer, une morale qui n'est autre que la pratique de nos ennemis eux-mêmes ; et les quelques erreurs, non de doctrine et de principe, mais d'application et de pratique, communes, ou peu s'en faut, à toute l'école théologique d'une époque, on les attache, comme des stigmates d'opprobre, aux noms de quelques-uns de nos frères ; et, grâce à la haine et à la calomnie doublées de préjugés et d'ignorance, ces noms gardent, pour effrayer l'imagination populaire, une puissance qui se renouvelle de générations en générations.

Avec notre doctrine et notre morale, nos ennemis ont attaqué nos *constitutions*. Ces constitutions d'Ignace, proclamées par nos Pontifes et par nos Evêques, comme l'une des plus parfaites organisations des principes évangéliques ; ces constitutions, exaltées par les plus grands hommes d'Etat, comme l'un des plus forts instruments de gouvernement social et comme la plus belle architecture législative que l'on connaisse, après la constitution de l'Eglise ; eh bien, ces constitutions, nos ennemis les ont attaquées et les attaquent toujours et partout ; ils les dénoncent comme l'œuvre de l'égoïsme, de l'ambition et du despotisme; il les flétrissent comme un mécanisme brutal, broyant, dans son jeu meurtrier, les individus au profit du corps; surtout, ils les maudissent comme l'organisation de l'asservissement, comme un instrument de dégradation intellectuelle, morale et même matérielle, réduisant à l'état de *cadavres* nos âmes, nos cœurs et nos corps vivants; et la célèbre formule commune à tous les fondateurs d'Ordres, *perinde ac cadaver*, cette formule de l'obéissance la plus généreuse, la plus libérale, la plus vivante et la plus féconde, on la traduit, devant l'ignorance et le préjugé populaires, comme la formule de l'esclavage, de l'asservissement et même de la mort. Oui, pour être des enfants dignes d'Ignace notre Père et de la Compagnie notre mère, il faut que nous soyons cadavres, *perinde ac cadaver* : c'est la suprême loi de notre vie. *Cadavres* ! Vraiment, nous ne nous en doutions pas ; car nos ennemis nous trouvent encore trop vivants et trop agissants. Ainsi pourtant le veut la haine, qui regarde, juge et condamne : L'Institut de Loyola fait des cadavres et rien que des cadavres. Eh bien, soit, passe pour cadavres; mais, alors, qu'on nous laisse au moins ce que l'on doit aux cadavres, la paix et le repos des morts ! Mais non; nous sommes des cadavres dangereux, des cadavres envahissants; il faut nous arrêter, nous enchaîner, nous frapper; et, tout cadavres que nous sommes, nous tuer!

Attaquer notre doctrine, notre morale, notre constitution et notre législation, n'était-ce donc pas assez pour la haine qui nous poursuit? Non, pas encore; il fallait s'attaquer aux *personnes* qui représentent les doctrines, et par qui fonctionne l'Institution.

Grâce à tant de mensonges et de calomnies amassées autour de notre nom, qui, parmi vous, peut ignorer ce qu'est devenu, pour certains esprits et surtout pour certaines imaginations, le véritable disciple d'Ignace de Loyola ? Ce jeune homme, sorti de telle famille honorée dans la cité, sorti de votre foyer, peut-être ; ce jeune homme, dont la vie, avant de prendre rang dans notre milice, a peut-être jeté dans le monde un certain éclat de vertu et de sainteté ; ce jeune homme, à qui le monde promettait peut-être un grand avenir, et qui, en quittant tout ce que l'on a de plus cher ici-bas, et en fermant volontairement devant lui la carrière des dignités et les perspectives d'une gloire mondaine, n'a prétendu qu'une chose et n'a eu qu'une ambition, se donner, se dévouer, se sacrifier pour le salut des âmes, même sans en rien attendre et en rien recevoir : ce jeune homme à peine est marqué de notre signe et rangé sous notre drapeau, que le voilà tout à coup transformé, dans l'imagination du peuple, en un je ne sais quoi qui n'a plus de nom dans nos langues humaines. Celui que vous avez connu, aimé, admiré, un jour, dans le rayonnement de sa pure et innocente jeunesse, devient tout à coup quelque chose de monstrueux, n'ayant plus de l'homme à peine que la figure ; et encore, le peuple crédule, à force d'en voir partout les portraits ou plutôt les caricatures les plus fantastiques, en arrive-t-il quelquefois à se persuader, que cet être, en réalité, n'a plus absolument rien d'*humain*. J'ai, dans mes souvenirs, de cette crédulité extravagante, des exemples tels, que la dignité du discours ne me permettrait pas même de les citer.

Beaucoup d'esprits, sans doute, moins abusés que le peuple, consentent encore à voir en lui un homme; mais quel homme! l'homme fourbe, l'homme dissimulé, l'homme ambitieux, l'homme égoïste, égoïste surtout. S'il vous regarde, c'est pour vous pénétrer; s'il vous approche, c'est pour vous exploiter; s'il vous parle, c'est pour vous tromper; s'il vous tend la main, c'est pour vous trahir. Et, telle est ici parfois la puissance du préjugé, que, sous le faux jour où on vous le présente, ses vertus et jusqu'à ses meilleures qualités changent de figure et de nom : sa sainteté est un masque ; sa modestie est une hypocrisie ; et son dévoûment n'est qu'une ambition et un égoïsme de plus.

Ainsi apparaît aujourd'hui, comme toujours, la physionomie du fils d'Ignace, peinte par la haine ou photographiée par le préjugé ; et cette figure sinistre n'est pas seulement l'épouvantail du peuple, elle donne, même à de soi-disant grands hommes, des peurs d'enfant. Votre littérature en garde partout l'empreinte ; et nos fabricants de dictionnaires, académiques ou non, ont incrusté, jusque dans les éléments du langage qu'apprennent vos enfants, ce type ignatien ; en sorte que, si vous n'êtes pas là pour réparer l'injure, bon gré, mal gré, vos enfants apprennent à nous maudire rien qu'en apprenant à lire ; parce que, grâce à la complicité d'une littérature calomniatrice et d'un vocabulaire menteur, ces enfants, dans leur bonne foi et leur simplicité naïve, attachent, chaque jour, au nom que nous portons, tout ce qu'un homme d'honneur tient, avec raison, à détester le plus.

Enfin, il est dans notre Institut, comme dans l'Eglise, une quatrième chose que nos adversaires dénoncent et attaquent de toutes les manières; c'est son *action* et son influence, conséquence de cette action.

La Compagnie est un corps vivant, organisé pour l'action; comme telle, elle a rempli sa vocation; elle a agi dans le passé, et elle agit encore sous vos yeux; et, depuis trois siècles, tous les échos du monde moderne proclament la grandeur de son action. Dans quelle sphère d'activité généreuse ne s'est pas déployée cette action des fils de Loyola? Et où n'a-t-elle pas laissé des monuments qui racontent son passage, en publiant ses œuvres?

Elle a agi dans toutes les spécialités de

la science; elle a brillé dans toutes les branches de la littérature; elle a marqué sa place dans le domaine des arts; elle n'a pas dédaigné même les œuvres de l'industrie; elle a formé des peuples entiers à l'économie et à l'agriculture; elle s'est signalée par l'œuvre à nulle autre pareille, par l'œuvre de l'enseignement et de l'éducation; elle a exercé dans la chaire chrétienne, à certaines époques surtout, une influence prépondérante; elle a étendu le cercle de ses missions, sur toute la terre. Tous les rivages du monde portent la trace de ses apôtres; et, avec les sueurs de l'apostolat, elle y a versé le sang de quatre cents martyrs.

Et l'action intime, qu'elle a exercée et exerce encore sur le fond des âmes qui réclament ses ministères, Dieu seul la peut bien apprécier; mais les âmes partout en ont été les témoins irrécusables.

Bref, la Compagnie de Jésus, pendant trois siècles, a exercé dans le monde une action aussi vaste que profonde, et qu'on dirait le poëme de l'activité humaine inspirée par un amour divin.

Cette action, dans son ensemble essentiellement bienfaisante et civilisatrice, les ennemis de l'Eglise la dénoncent et la flétrissent comme une action égoïste, une domination asservissante, un perpétuel danger pour la société, en un mot, comme un fléau de l'humanité.

O Compagnie, ma mère, comme notre divine mère l'Église, vous êtes attaquée *en tout;* et, rien de ce qui est de vous, ni la doctrine, ni l'Institution, ni les personnes, ni l'action, n'a pu trouver grâce devant l'implacable génie qui vous attaque et vous poursuit de ses haines et de ses fureurs.

Ainsi, à la clarté de votre propre histoire, comme la divine épouse du Christ persécuté, vous apparaissez, vous aussi, persécutée *toujours*, persécutée *partout*, persécutée *en tout*.

Ce fait si éclatant pour nous, dans la lumière de l'histoire, a dans sa raison d'être quelque chose de mystérieux, et, de prime abord, quelque chose d'incompréhensible. Quel est ici le vrai mot du mystère? C'est ce qui me reste à dire, pour compléter ce sujet, et, si je le puis, répondre à votre légitime curiosité et à votre sympathique attente.

II

Pour quiconque ne veut regarder qu'à la surface des événements, ce fait, tel qu'on vient de le voir, a quelque chose qui paraît tout d'abord incompréhensible, impossible même. Comment et pourquoi, dans l'histoire, ce fait si absolument exceptionnel : une société d'hommes, *partout*, *toujours* et *en tout* persécutée ? Comment, peuvent se demander ici même la bonne foi, la bienveillance et l'honnêteté, comment, si ces hommes ne sont que vertueux, bienfaisants, dévoués, comment et pourquoi sont-ils attaqués toujours, attaqués partout, attaqués en tout? Ou, s'ils sont tels que leurs ennemis les montrent, et que leurs persécuteurs les supposent; comment une Société composée au-dedans de tels éléments, et subissant par le dehors de telles attaques, a-t-elle pu demeurer si puissante qu'on la proclame? Comment a-t-elle pu subsister trois siècles? Comment même peut-elle seulement subsister trois jours?

A quelque point de vue que l'on se place, pour contempler ce phénomène historique, on est forcé de convenir qu'il y a là un mystère : Oui, mystère devant la nature, qui ne saurait mettre tant de puissance auprès de tant de faiblesse, ni une telle vitalité au sein de tant de perversité; mystère devant l'humanité, qui se demande comment une fraction si considérable de chrétiens, et généralement la meilleure, s'obstine à conserver à une Société si étrangement réprouvée, une confiance que rien n'ébranle, et des sympathies qui ne savent pas tarir ; mystère devant l'Eglise, environnant d'une faveur et d'une affection déjà trois fois séculaire, une légion d'hommes que l'on proclame dangereux pour l'Eglise et aspirant à asservir l'Eglise ; mystère devant la papauté, couvrant du bouclier de sa protection des hommes, qu'elle appelle ses soldats et ses défenseurs, et qui, s'ils sont tels que leurs ennemis les font, méritent bien plus les foudres et les anathèmes que les bénédictions et les faveurs du Vatican, eux qu'on accuse de vouloir régner au Vatican ; mystère devant l'histoire, qui, en dehors de l'Eglise elle-même, n'offre nulle part l'exemple d'une telle universalité dans la persécution et d'une telle opiniâtreté dans la résistance ; mystère, enfin, pour la raison, devant le phénomène de cette existence, où se rencontrent à la fois tant de haine et d'amour, tant d'attraction et de répulsion, tant d'anathèmes et de bénédictions, tant de louanges et de blâmes, tant de suffrages et de réprobations.

Ainsi, dans cette destinée des enfants de Loyola, le mystère répond au mystère; le problème historique de leur existence demeure insoluble; et l'on est en face d'un impossible devenu l'histoire, ou d'une histoire convaincue de n'avoir pu exister.

Essayons de creuser un peu dans le fond de ce mystère, et cherchons la raison intime de ce phénomène historique ; car, puisqu'il y a un fait, un fait palpable, il doit y avoir, évidente ou cachée, une raison du fait.

Le mystère de ce fait se découvre, pour qui sait et veut voir, à la lumière de ces trois considérations : *Qui* nous persécute? *Comment* on nous persécute ? *Pourquoi* on nous persécute ? La réponse à ces trois questions va nous révéler le mystère, et résoudre le problème de notre *mystérieuse* et pourtant très-compréhensible destinée.

Et d'abord, je demande ici, avec le désintéressement de la vérité et l'impartialité de l'histoire : *Qui* nous hait, nous attaque et nous persécute ?

Si vous voulez savoir, même avant tout examen, ce qu'il faut penser des hommes et des institutions, cherchez qui attaque, cherchez qui défend, cherchez qui est neutre ou indifférent. Ce critérium ne peut pas tromper ; il fait jaillir la lumière et fonde la certitude. Appliqué à l'existence historique de l'Eglise, il en démontre invinciblement la divinité. Je n'insiste pas ; j'ai hâte de faire tout de suite à notre Compagnie l'application de cette règle infaillible.

Je demande, et vous demandez avec moi, devant l'Institut de Loyola et devant l'action qu'il exerce, où sont, dans le passé et dans le présent, ceux que nous venons de nommer les *neutres* et les *indifférents* ?

Des indifférents, c'est-à-dire des hommes, sur tout ce qui nous touche, se renfermant dans une neutralité complète, en est-il par le monde ? Je l'ignore. Mais, assurément, ils sont rares. Quelques hommes peut-être, de loin en loin, nous voient passer d'un regard indifférent. Quels sont-ils ? Ceux qui ont à peine entendu prononcer notre nom ; ceux que la Providence a dérobés, comme par miracle, à l'oppression du préjugé et à la tyrannie de l'opinion, écartés qu'ils sont de ce nuage de sophismes, d'erreurs et de calomnies, à travers lequel nous regardent les multitudes. Oui, ceux-là, plus ou moins, peuvent passer devant nous sans haine et sans amour, sans maudire et sans bénir ; à peu près comme passent indifférents, devant le Christianisme, ceux qui n'en ont pas même entendu parler.

Mais laissons là les neutres et les indifférents, s'il en est ; demandons seulement quels sont ceux qui nous aiment et quels sont ceux qui nous haïssent? quels sont ceux qui nous défendent et quels sont ceux qui nous persécutent? car, il faut bien le reconnaître, nous passons partout et toujours entre ces deux humanités qui nous touchent ; et telle est dans le présent, comme dans le passé, la singularité curieuse de notre situation devant les générations:

D'un côté, l'amour, et de l'autre, la haine ; d'un côté, l'attraction, et de l'autre, la répulsion ; d'un côté, la sympathie, et de l'autre, l'antipathie ; d'un côté, la confiance, et de l'autre, la suspicion ; d'un côté, le respect, et de l'autre, le mépris; d'un côté, la louange, et de l'autre, l'outrage ; d'un côté, la bénédiction, et de l'autre, la malédiction ; d'un côté, l'applaudissement, et de l'autre, l'anathème ; d'un côté, la protection, et de l'autre, la persécution ; d'un côté, enfin, des affections et des dévoûments capables de porter jusqu'au sacrifice de la vie le témoignage de l'amour ; et de l'autre, souvent des jalousies, des animosités et des colères capables de pousser contre nous, même jusqu'à la mort, le témoignage de la haine.

Voilà notre situation. Inutile d'insister; ce fait ayant, pour le montrer à tous les regards, la lumière de sa propre évidence.

C'est ici encore, en petit sans doute et de bien loin, une imitation de la marche de Jésus-Christ et de son Eglise à travers les espaces et les siècles. Jésus-Christ passe, en effet, lui-même, de siècle en siècle et d'espace en espace, entre les attractions et les répulsions, entre les haines et les amours, entre les bénédictions et les malédictions. Ces deux humanités lui font un cortège deux fois triomphal ; et il passe comme sous l'arc de son perpétuel triomphe ; il passe, toujours haï et toujours aimé, toujours adoré et toujours blasphémé, toujours béni et toujours maudit, toujours défendu et toujours persécuté.

Eh bien, mes frères, pour nous, comme

pour l'Eglise, en tenant compte de l'infinie distance, nous devons demander, pour nous expliquer le mystère de notre incompréhensible histoire : quels sont ceux qui nous aiment et nous défendent ? quels sont ceux qui nous haïssent et nous persécutent ?

Quels sont ceux qui nous aiment et nous défendent ? Je laisse à cet auditoire, où je ne vois et ne sens que des cœurs amis, le soin de me répondre. Je crois entendre une voix qui sort de tous vos cœurs; et cette voix me dit : Ah ! ceux qui vous aiment, c'est-à-dire, ceux qui aiment Ignace et sa postérité, c'est nous, nous qui aimons le Christ, le Christianisme et l'Eglise. Plus on vous hait, plus nous vous aimons; et plus on vous maudit, plus nous éprouvons le besoin de vous bénir. Tout ce que vous aimez, nous l'aimons ; tout ce que vous défendez jusqu'à la mort, c'est-à-dire Jésus-Christ, l'Eglise, la Papauté, avec vous nous sommes prêts à le défendre, nous aussi, jusqu'au sacrifice de la vie.

Ah ! c'est là, c'est là pour nous, ô Sauveur Jésus, une consolation suprême : ceux qui nous aiment, ce sont ceux qui vous aiment, et comme nous, sont prêts à mourir pour vous.

Cherchez, en effet, mes frères, un chrétien, un seul chrétien saintement passionné par l'amour de Jésus-Christ, et qui, dans ce cœur où règne l'amour du Christ, nourrisse contre Ignace et les siens quelque chose qui ressemble à la haine : vous ne le trouverez pas ; non, vous ne le trouverez pas.

Et ce que je dis ici de Jésus-Christ lui-même, est-ce que nous ne pouvons pas le dire de l'Eglise aussi? Non, ceux qui ont pour l'Eglise, notre divine mère, un amour filial, ardent, passionné, enthousiaste, ne pourront jamais se prendre d'une haine sincère contre la postérité de Loyola, dont toute la raison d'être est de se dévouer au service et à la défense de l'Eglise. Là, sans doute, des individualités pourront attirer et même mériter leurs ressentiments; l'Institut, jamais!

Dès lors, est-il donc si difficile de deviner quels sont ceux qui font profession de nous haïr et de nous persécuter?

Regardez bien : partout et toujours, les ennemis de l'Eglise sont nos ennemis, et ses persécuteurs sont nos persécuteurs. Souvent même, l'impopularité qui s'attache à notre nom, sert de prétexte à la guerre déclarée à l'Eglise; et le glaive tiré contre nous vise à la poitrine et au cœur de notre mère. Assurément, parmi ceux qui nous poursuivent, il est une masse inconsciente, ignorante, innocente même, qui ne nous hait que parce que, à travers les préjugés qui nous enveloppent, elle nous croit haïssables. Pour ceux-là, nous ne pouvons trouver dans nos cœurs qu'une compassion sincère et une indulgence fraternelle; et, bien que haïs et même persécutés par eux, nous éprouvons le besoin de dire avec notre divin Crucifié : « Seigneur, pardonnez-leur; ils ne savent « ce qu'ils font. »

Mais, il en est qui, en nous poursuivant, savent ce qu'ils font; et à ceux-là aussi, pour notre propre compte, nous savons pardonner. Ceux qui ont contre nous des haines calculées et passionnées tout ensemble, les ennemis jurés, acharnés, implacables, ah ! ceux-là, n'en doutez pas, ils sont ennemis de Jésus et de son Eglise, encore plus qu'ils ne le sont de nous. Les plus célèbres n'ont pas besoin qu'on les nomme, car leur nom remplit le monde. Dans cette armée de nos persécuteurs, tous nous haïssent et d'une haine sincère.

Là, cependant, on distingue trois légions qui se signalent par un acharnement spécial : c'est la légion des *impies*, la légion des *révolutionnaires* et la légion des *apostats;* c'est-à-dire, les traîtres à Dieu, les traîtres à la société, les traîtres à l'Eglise. Cherchez un impie qui ne nous haïsse; cherchez un révolutionnaire qui ne nous haïsse ; cherchez un apostat qui ne nous haïsse!

L'impie déclaré, l'impie acharné contre Dieu, garde contre les fils d'Ignace des sentiments qui ont je ne sais quoi d'infernal. Le révolutionnaire extrême, et comme on dit aujourd'hui, *intransigeant*, nous inscrit en première ligne sur ses listes de proscription ; et l'apostat, le type achevé du mauvais prêtre, l'apostat a contre nous des haines de choix, des colères réservées.

Oui, moi qui n'ai jamais haï personne, je sens que j'ai partout pour ennemis ces trois hommes qui, eux aussi, se nomment légion : l'homme impie, l'homme révolutionnaire, l'homme apostat ; le méchant homme, le mauvais citoyen, le mauvais prêtre ; ah! le mauvais prêtre surtout, le pire et le plus acharné de nos ennemis!

Ainsi, nous savons qui nous aime et qui nous hait, qui nous attaque et qui nous défend ; et déjà, cette considération jette sur le mystère de la persécution qui nous atteint, un grand faisceau de lumière.

Cette lumière s'agrandit bien autrement, si nous nous demandons *comment* on nous attaque, et quels procédés suit contre nous la haine des persécuteurs? L'erreur se révèle par la manière dont elle attaque la vérité, et le mal se trahit par la stratégie qu'il emploie dans l'attaque du bien.

Sous ce rapport, la manière dont on attaque partout et toujours le Christianisme, les armes dont on se sert et la tactique que l'on emploie contre lui, constituent, pour qui regarde au fond des choses, une éclatante démonstration de sa divinité. La vérité divine peut seule être haïe et attaquée de la sorte.

Eh bien, mes frères, sauf les différences exigées par la force et la grandeur des choses, on nous attaque et on nous persécute par les mêmes moyens, que l'on emploie contre le Christianisme et contre l'Eglise.

Comment nous attaque-t-on? Sans nous connaître, c'est-à-dire par l'*ignorance* même,—j'entends l'ignorance renforcée du préjugé et armée de la passion — comme on attaque l'Eglise elle-même. Admirez ce phénomène prodigieux de l'ignorance humaine, marchant à l'attaque de la vérité divine. Voyez-le d'ici, s'apprêtant à la lutte, le lettré de vingt ans, ignorant, au premier chef de l'Eglise, de son dogme, de son histoire, de sa hiérarchie, de sa théologie : le voilà pourtant qui attaque, attaque encore, attaque toujours; il attaque, le sentiment de la haine dans le cœur, et sur les yeux l'impénétrable bandeau de son ignorance et de ses préjugés.

Et n'est-ce pas ainsi que l'on attaque, jour par jour et heure par heure, l'Institut de Loyola? Qu'en connaissent-ils, qu'en savent-ils seulement, ces fiers agresseurs et ces Voltaires au petit pied? Rien, absolument rien. Enveloppés de la couche épaisse de leurs préjugés, ils créent comme objectif de leurs attaques, un fantôme dont ils essayent de s'épouvanter et d'épouvanter les autres. C'est fini : l'attaque commencée dans l'ombre du préjugé, se poursuivra dans la nuit de l'ignorance; et, grâce au crétinisme de la foule, les rêveries des romans célèbres ou obscurs remplaceront, pour nous faire connaître et juger par les multitudes, les réalités de notre vie et les faits de notre histoire.

Comment nous attaque-t-on encore d'ordinaire? Par *la mauvaise foi*. S'il en est qui attaquent ce qu'ils ignorent, et parce qu'ils ignorent; combien aussi qui attaquent ce qu'ils connaissent et parce qu'ils connaissent! Alors, à l'ignorance se substitue la mauvaise foi, et à la crédulité naïve l'hypocrisie calculée. Alors, on attaque parce que l'on veut attaquer; on nuit, parce que l'on veut nuire; on blesse, parce que l'on veut blesser.

Ainsi font-ils contre vous, ô Eglise de Dieu; ainsi font-ils aussi, contre vos enfants et contre vous, ô Compagnie de Jésus!

Comment nous attaque-t-on? Par *le mensonge* et *la calomnie;* comme la perversité pharisaïque attaquait Jésus-Christ. Ecoutez : « Nous l'avons surpris soulevant « le peuple par ses discours, et empêchant « de payer le tribut à César... » Ainsi font partout, contre l'Eglise, les pharisiens de la libre-pensée : ils mentent, ils calomnient; et, comme ils mentent contre l'Eglise, ils mentent contre nous; et, comme ils calomnient dans le Christianisme l'œuvre de Jésus-Christ, ils calomnient dans la Compagnie de Jésus l'œuvre de Loyola. L'affreux mot d'ordre donné, un jour, contre l'Eglise, à tous les siens par le patriarche du mensonge et de la calomnie dans les temps modernes, n'a été nulle part, contre aucune autre institution, exécuté avec une ardeur plus satanique et un plus infernal succès, que contre Loyola et sa postérité; et, si je pouvais grouper et vous montrer dans la lumière d'un seul discours, tout ce que la tourbe voltairienne a pu, en quelques années seulement, accumuler sur nos têtes, de mensonges et de calomnies, vous en demeureriez, malgré tout ce que vous en savez déjà, dans l'étonnement et la stupéfaction.

Comment nous attaque-t-on? Comment? Comme attaquent toujours, plus ou moins, le mensonge et la mauvaise foi, par la *contradiction*. C'est le premier châtiment de toute iniquité agressive, de se mentir à elle-même : *Mentita est iniquitas sibi*. Voyez ce que fait, envers le Sauveur lui-même, la mauvaise foi judaïque. Comme Jean-Baptiste, le Sauveur jeûne; et les Pharisiens disent : Il est possédé du démon; *dæmonium habet*. Jésus mange et boit avec ses disciples et avec les Pharisiens eux-mêmes; et ils disent : C'est un homme vorace, c'est un buveur de vin; *dicunt : Homo vorax et potator vini*.

Et ce que la contradiction pharisaïque

faisait contre le Christ en personne, est-ce que la contradiction antichrétienne ne le fait pas, partout et toujours, contre le Christianisme? Est-ce qu'elle ne lui reproche pas sans cesse le *pour* et le *contre*, le *oui* et le *non?* Que l'Eglise prêche et agisse au grand jour, qu'elle touche seulement, par une parole, aux choses de ce monde; est-ce qu'aussitôt tous les échos de la presse ne redisent pas ensemble : Domination cléricale, envahissement clérical? Que l'Eglise se taise, qu'elle cesse de toucher, par quelque endroit, aux choses de la terre; est-ce que vous n'entendez pas les mêmes échos redire ces voix accutrices : L'Eglise n'est plus de son temps; l'Eglise est rétrograde; l'Eglise s'en va; l'Eglise se meurt?..

Et qui ne voit ici, en grand, la tactique employée par la contradiction rationaliste et révolutionnaire, contre les fils de Loyola? Ecoutez plutôt.

Nous demeurons cachés au fond de nos

cellules. — A quoi servent ces hommes, au fond de leurs cellules?

Nous paraissons au grand jour. — Que prétendent ces hommes? s'écrie la libre-pensée.

Nous demeurons au repos, — nous sommes des fainéants.

Nous agissons, nous travaillons, — nous sommes des ambitieux.

Nous vivons dans l'ombre et le silence; on nous crie de partout : — vous êtes des conspirateurs.

Nous demandons notre place au soleil. — Arrière! Vous êtes des envahisseurs.

Comment faire, alors, pour échapper à l'attaque? Encore faut-il bien que nous nous taisions ou que nous parlions; que nous soyons dans nos maisons ou hors de nos maisons.

Un jour, nous laissons à d'autres le soin d'initier la jeunesse à la science exigée au seuil de toutes les carrières; et nos ennemis de dire: — ils ne sont pas à la hauteur du siècle; ils ne peuvent seulement pas nous faire des bacheliers! — Nous ouvrons des écoles scientifiques, nous faisons des bacheliers, même nous en faisons trop; de tous côtés les barrières tombent devant nos lauréats heureux. Alors nos ennemis de s'écrier : — vous le voyez bien; les voilà qui sont partout; ils remplissent toutes les carrières; l'armée, l'armée surtout, si l'on n'y prend garde, « sera bientôt tout en- « tière envahie par cette peste. » Encore quelque temps, et nos chefs militaires demanderont le mot d'ordre au général de la Compagnie de Jésus.

Ce chapitre de la contradiction qui nous attaque pourrait s'étendre indéfiniment.

Ainsi, par exemple :

Vivons-nous sous un gouvernement monarchique, plus ou moins absolu? — Alors, nous sommes les plus farouches des républicains; nous conspirons contre les monarchies, et nous assassinons les rois.

Au contraire, vivons-nous sous un gouvernement républicain, plus ou moins libéral? Alors, nous sommes des monarchistes fanatiques; nous sommes les âmes damnées des rois ou des empereurs; et il est de toute évidence que nous conspirons contre la république.

Du haut de la chaire chrétienne, nous flétrissons les erreurs du siècle, nous foudroyons les vices du siècle : alors, nous sommes des emportés, des factieux, des perturbateurs; il faut nous fermer la bouche.

Du haut de la chaire chrétienne, nous ménageons certains préjugés du siècle; nous usons de mesure, de douceur, de conciliation : alors, nous n'osons dire notre pensée; nous sommes dissimulés, trompeurs, lâches; il faut nous tourner le dos et se moquer de nos réticences.

Dans nos rapports avec le monde, prenons-nous quelque chose de l'urbanité, de la politesse, des bonnes manières du monde? Alors, nous sommes des mondains; nous nous insinuons pour mieux tromper; notre urbanité est un calcul; notre politesse, un artifice.

Dans nos rapports avec les hommes, faisons-nous prévaloir, sur les exigences de la politesse mondaine, les exigences de la modestie religieuse? — Alors, nous sommes des êtres guindés, compassés; notre modestie est un masque; nos yeux baissés sentent leur hypocrisie; et notre réserve cache des piéges.

Comment on nous attaque? Je réponds : par l'*imaginaire*, le fantastique, le fabuleux. Que ne pouvons-nous pas? Que ne faisons-nous pas? Quelle puissance colossale, gigantesque, immense, *fabuleuse*, enfin, ne nous attribue-t-on pas, pour faire peur au peuple des fils de Loyola?

Toutes les épithètes les plus exorbitantes et les plus excentriques, naguère entassées dans des poésies délirantes par un génie égaré, sont absolument insuffisantes, pour peindre les inventions fantastiques et quelque peu burlesques évoquées contre nous par l'imagination, si ce n'est par la malice de nos ennemis.

Ah! mes frères, cette formidable puissance de la Compagnie de Jésus, vous ne la connaissez donc pas encore? Eh bien! moi, je vais vous la faire connaitre; écoutez donc; et surtout gardez-vous bien de rire.

Sachez donc, mes frères, que nous, les fils d'Ignace de Loyola, nous avons — sans compter ce dont nous disposons ailleurs dans le monde entier; — sachez qu'en France seulement, nous avons huit, et même dix millions d'hommes ou de femmes qui nous obéissent comme des esclaves, et qui, avant de parler ou d'agir, reçoivent de nous le mot d'ordre impératif : c'est l'armée occulte de Loyola, tenant en échec les royautés, les empires, et même les républiques.

Et nos richesses, ces richesses devenues proverbiales, et que tout le monde connaît, est-ce qu'elles ne dépassent pas tout ce qu'en ce genre, peut se représenter l'imagination du peuple et le génie des poëtes? Est-ce qu'avec nos milliards entassés — Dieu sait comment! — dans nos souterrains, nous ne sommes pas en mesure d'acheter non-seulement des cités, mais des provinces; que dis-je! une partie, le quart, le tiers, la moitié de la France, si ce n'est la France tout entière? Est-ce que vous n'avez pas vu de vos yeux, dans tous les grands ports de France, tous les vaisseaux frêtés par la Compagnie de Jésus? Est-ce que nos navires marchands ne couvrent pas toutes les mers? Est-ce qu'ils ne visitent pas tous les rivages dorés et toutes les californies de la terre, pour nous en rapporter tous les trésors? Que dis-je? Est-il besoin d'aller chercher si loin la révélation des richesses par nous entassées, comme montagne sur montagne, puisque dans cette capitale, vous pouvez en faire la constatation publique?

Et, au sortir même de cette enceinte, est-ce que des hommes convaincus ne vous montreront pas du doigt tel magasin gigantesque, en jurant sur leurs grands dieux et la main sur la conscience, que nous sommes non-seulement les actionnaires et commanditaires, mais encore les vrais propriétaires et les souverains maîtres de ces bazars-monstres, où les millions arrivent et d'où les millions se retirent, comme le flux et le reflux de l'Océan? Et si vous les en croyez, ces mêmes hommes, plus naïfs que méchants, vous affirmeront et vous démontreront comme quoi les trésors de tous nos Lucullus de la libre-pensée, de tous nos Crésus en Israël et de tous les fortunés adorateurs du dieu Mammon, ne sont que jeux d'enfants, devant les milliards accumulés par notre habileté cupide, dans nos coffres mystérieux!

Dites, si vous voulez, que tout cela, c'est le fabuleux, le fantastique, l'imaginaire; soit; mais ce qui est réel, ce qui est historique, c'est que cet imaginaire, ce fantastique, ce fabuleux, devient, pour nous accuser et nous dénoncer aux colères populaires et aux revendications soi-disant sociales, une puissance trop réelle. Et, si ces inventions poussées jusqu'au burlesque et au ridicule, vous peuvent prêter à rire; sachez-le bien, elles peuvent, sous un autre aspect, nous donner à craindre; car tandis qu'elles font passer devant l'imagination du peuple ces richesses fabuleuses, elles amassent contre nous, dans l'âme et le cœur de ce même peuple, des trésors de colère; et qui sait, si un jour nous ne payerons pas par le sang de nouveaux martyrs, ces inventions des haines vertigineuses et des imaginations en délire?

Comment nos ennemis nous attaquent-ils, enfin? Ah! voici le prodige de l'invention; voici le chef-d'œuvre du genre : on nous attaque par la puissance de l'*absurde*, même par la puissance de l'*impossible*.

Hélas! tel est le penchant toujours ancien et toujours nouveau du génie populaire : il croit d'autant plus qu'on lui raconte l'incroyable; il croit tout, même l'absurde, surtout l'absurde; et, plus les choses sont étranges, inouïes, impossibles, plus elles ont la puissance d'exalter la curiosité du public et la crédulité du peuple. Que n'a-t-on pas fait croire au peuple, contre le Christ lui-même? Que ne lui a-t-on pas fait croire contre le Christianisme? Depuis la fable effrayante qui, aux premiers siècles de l'Eglise, faisait manger aux chrétiens, dans des festins mystérieux, la chair des petits enfants, jusqu'à la fable contemporaine mettant dans les mains tremblantes du prisonnier du Vatican, les ressorts cachés qui font mouvoir et marcher à son gré les plus fiers gouvernements; que n'a-t-on pas inventé, et que n'a-t-on pas cru contre l'Eglise notre mère?

Et, quand il s'agit du spectre noir de

Loyola et des frayeurs qu'il doit inspirer, que ne croient pas les multitudes, et avec elles, des esprits prétendus forts et de soi-disant grands hommes ? Grâce à l'exploitation publique de la crédulité par le mensonge, grâce à l'inépuisable fécondité du génie de la calomnie pour créer des fantômes ; est-ce que tout, contre nous, l'incroyable et même l'impossible, ne devient pas pour le peuple, non-seulement possible, non-seulement croyable, mais certain, incontestable, historique ?

Ainsi, pour en citer quelques exemples : est-ce que nos maisons, en apparence pourtant fort semblables aux vôtres, ne se transforment pas, tout à coup, en de redoutables citadelles, d'où nous sommes capables, à une heure donnée, de foudroyer la cité tout entière ?

Est-ce que nos celliers, nos remises et nos greniers ne sont pas des arsenaux remplis d'armes meurtrières, prêtes à frapper ou à faire feu au premier signal ?

Et nos caveaux souterrains, si vastes et si profonds, sont-ils autre chose que des poudrières, prêtes à vous faire sauter tous en l'air, avec vos maisons en ruines ? Et vous ne savez pas tout encore. Tandis que nos braves soldats font l'exercice au soleil, est-ce que nous ne le faisons pas pendant la nuit ? Même l'exercice à feu ne nous est-il pas familier ? Est-ce que nous ne façonnons pas tous, prêtres que nous sommes, à ces jeux sanglants nos mains sacerdotales ? Et, si vous n'entendez rien du bruit de nos explosions nocturnes, n'est-ce pas parce que vous n'écoutez pas assez ? et que, pendant que nous nous préparons ainsi à l'extermination de la société, vous dormez trop bien votre tranquille sommeil, insouciants que vous êtes des dangers qui vous menacent ?...

Qui ne connaît d'ailleurs notre histoire authentique ? Qui ne sait toutes les conspirations que nous avons organisées, depuis trois siècles, contre tous les états de l'Europe ou plutôt du monde entier? Qui pourra dire combien de sociétés nous avons troublées ? Qui comptera tous les rois que nous avons assassinés, toutes les familles que nous avons ruinées, tous les héritages que nous avons confisqués; tous les vieillards, hommes ou femmes, toutes les veuves èt tous les enfants que nous avons dépouillés? J'allais oublier, toutes les fontaines et tous les fleuves que nous avons empoisonnés; tous les crimes, enfin, que par toute la terre nous avons consommés ?...

Ah ! Si vous l'ignorez, lisez, lisez seulement ce *factum* demeuré célèbre : *Extraits des assertions*, et cet autre, plus célèbre peut-être encore : *Les avertissements secrets* ou *les monita secreta*, que vous pouvez voir partout aux vitrines de vos librairies antichrétiennes, exposés à la curiosité et à la crédulité des multitudes : et vous saurez, à ne l'oublier jamais, ce que peut commettre d'abominations une société d'honnêtes gens, ou plutôt, ce qu'en peut inventer la perversité des méchants, et ce que peut en croire l'imagination du peuple.

Telle apparaît, dans son ensemble, la tactique ou la stratégie des ennemis de la Compagnie de Jésus; tel se révèle, plus ou moins partout, leur système d'agression et leur procédé dans l'attaque.

De plus en plus, le mystère de la persécution organisée contre nous se découvre aux regards de ma pensée; j'apprends à connaître mes persécuteurs; et, comme s'écriait un jour un autre Ignace, Ignace d'Antioche, en face de l'injustice et de la perversité de ses bourreaux, moi aussi, j'éprouve le besoin de m'écrier dans la lumière qui m'éclaire : « Je m'instruis au « spectacle de leur iniquité; *eorum iniqui-* « *tas mea doctrina est,* » et j'apprends à m'expliquer ce qui pour moi était l'inexplicable. Je sais *qui* nous attaque; je sais *comment* on nous attaque. Cette double révélation suffirait pour nous éclairer.

Un dernier mot va achever de nous montrer tout le mystère, en ajoutant la lumière à la lumière ; et ce mot, à lui tout seul, peut résoudre le problème historique de notre vie persécutée : *Pourquoi* on nous persécute ?

Pourquoi on nous persécute ? Cette question est plus radicale, et la réponse à cette question plus décisive encore que les précédentes. C'est par leur cause que le mystère des choses, d'ordinaire, se révèle tout entier ; ce qui a fait dire à un grand poëte de l'antiquité : « Heureux qui a pu « connaître la cause des choses ; *Felix qui* « *potuit rerum cognoscere causas.* » Il importe donc souverainement, dans le sujet qui nous occupe, de connaître clairement et de montrer hardiment la vraie cause de ces persécutions qui résument notre étonnante histoire.

Pourquoi nous persécutez-vous ? dirai-je ici à nos ennemis déclarés. Quel mobile secret, conscient ou inconscient, les pousse à nous persécuter? Que poursuivent-ils réellement en nous ? Serait-ce peut-être l'éclat de *vertus* offusquant le regard, et blessant le cœur du vice ? Non pas, mes frères. Nos vertus, —quand nous avons des vertus, — nos vertus personnelles ne sont dignes ni de tant d'amour, d'un côté, ni de tant de haine, de l'autre; et, si vous nous considérez individuellement, avec nos qualités et nos défauts, nous ne méritons, de la part des deux humanités qui nous touchent, ni tant de sympathie et d'antipathie, ni tant de respect et de mépris, ni tant d'honneurs et d'outrages, ni tant d'admiration et de répulsion. Le mystère est ailleurs.

Pourquoi nous persécute-t-on ?

Est-ce pour nos prévarications notoires? pour nos crimes avérés? pour nos scélératesses démontrées ? Mais ces prévarications notoires, où sont-elles ? Ces crimes avérés, où sont-ils ? Et ces scélératesses fabuleuses, dénoncées au monde entier, qui en a fait une fois la démonstration ? Ah ! si ces prévarications, ces crimes, ces scélératesses que publient encore chaque jour, avec un retentissement immense, les mille voix de la presse contemporaine, étaient si notoires, si avérés et si démontrés qu'on le proclame ; est-ce que nos bienveillants adversaires se feraient faute de nous traduire devant tous les tribunaux de la justice humaine ? Eux si empressés et si habiles à nous demander compte de crimes imaginaires, quel empressement ne mettraient-ils pas et quelle habileté ne déploieraient-ils pas, pour nous convaincre de crimes réels ?

Pourquoi nous persécute-t-on ?

Est-ce pour le *mal* que nous faisons à l'enfance et à la jeunesse, qui reçoivent nos enseignements ? Mais alors, comment tant de pères et de mères, ayant l'instinct de ce qui fait bien ou mal à leurs enfants, consentent-ils à nous offrir ces mêmes enfants, comme des victimes offertes en sacrifice ?

et, comment surtout, ceux-là même qui demandent contre nous la proscription et l'ostracisme légal, sont-ils quelquefois les plus empressés à nous confier ce trésor le plus précieux de leur vie, leurs propres enfants ?

Pourquoi nous persécute-t-on ? Ah ! je vous entends : parce que nous sommes des *conspirateurs ténébreux*, et que nous ourdissons, dans l'ombre, des complots qui menacent le repos des états et la paix du monde. Mais, dirai-je à nos accusateurs effarés : De quelle ombre voulez-vous parler ? Et qu'y a-t-il de moins obscur et de moins secret que notre existenee, dans votre monde moderne ? Qu'y a-t-il de plus lumineux que notre vie ? Nos demeures sont percées à jour, et nous ne sommes un mystère que pour qui ne nous veut pas voir. Qu'ignore-t-on de nous aujourd'hui, je vous prie ? On sait nos noms et prénoms, notre âge et notre profession, et jusqu'au lieu illustre ou obscur de notre naissance. Tout cela, et autre chose encore, est inscrit aux bureaux et archives de vos municipes. Que ne savez-vous pas de nous? Vous savez le nombre, le lieu, et jusqu'au prix de nos maisons; vous savez de chaque maison le nombre de nos portes et de nos fenêtres; car, comme tout citoyen, nous sommes inscrits pour nos impôts et pour notre cote personnelle. Eh quoi! malgré toutes ces notoriétés, toutes ces lucidités qui font pour vous, de nos demeures, comme des maisons de verre et de cristal, vous nous parlez de mystères ténébreux et de complots ourdis dans l'ombre? Mais, au nom du ciel, soyez au moins conséquents et d'accord avec vous-mêmes. Si ces complots sont si obcurs, comment les connaissez-vous? S'ils sont si certains et si notoires, que ne les dénoncez-vous? Et, puisque vous avez un pouvoir judiciaire, que ne les châtiez-vous

Pourquoi nous persécute-t-on? Ah!

sans doute, par amour de la liberté? pour défendre, contre nos envahissements, la famille, l'Etat, la société? Mais, où sont-elles donc les libertés que nous avons confisquées? Où sont les états que nous avons ménacés? Où sont les sociétés que nous avons envahies? Quoi! nous menaçons les libertés, nous envahissons les états! Pourquoi et comment, je vous prie? Peut-être, parce que, dans une mesure, que nous aurions le droit de trouver petite, on nous nous laisse libres nous-mêmes? Mais, depuis quand, parce que l'on est libre, comme tout citoyen libre, est-on convaincu d'envahir et de confisquer la liberté d'autrui?

Pourquoi, enfin, nous persécute-t-on? Parce que nous faisons obstacle au progrès? Et parce que nous sommes ennemis de la civilisation? Mais je vous adjure, je vous somme de nous dire: quel progrès répudions-nous? Est-ce celui de la science? de l'art? de la littérature? de l'industrie?

de l'économie? Mais, tous ces progrès, nous les appelons; et moi, le dernier de tous, pendant dix-huit ans, qu'ai-je fait au nom de tous mes frères, si ce n'est de lever, du haut de la première chaire de France, le drapeau de tous ces progrès? Notre progrès n'est pas le vôtre, dites-vous; soit; mais quelle loi nous oblige à concevoir le progrès comme vous le concevez vous-même, et à n'en donner d'autre idée et d'autre définition que la vôtre? Nous sommes, dites-vous, les ennemis de la civilisation; mais, la civilisation, la grande civilisation chrétienne, qui donc, après tant d'autres, l'a portée plus loin que nos apôtres conquérants? Et qui, dans les temps nouveaux, a plus fait reculer les frontières de la barbarie?

Ah! la civilisation, ou plutôt l'action, l'œuvre civilisatrice, un jour, une seule fois, et dans un seul pays, — pays de sauvages errant dans les déserts — nous l'avons entreprise, et nous en fûmes les seuls maîtres. Nos missionnaires, par la puissance de l'amour et par le miracle du dévoûment, avaient groupé autour de la croix des multitudes dégradées ; et, du fond de ces déserts, bientôt une civilisation était sortie, telle qu'on n'en avait peut-être jamais vu s'épanouir au soleil des siècles. O saintes et merveilleuses missions du Paraguay, œuvre éminente et glorieuse des enfants d'Ignace ! qu'il me soit permis de vous saluer en passant, et de montrer, en évoquant votre lointain souvenir, comment la Compagnie de Jésus est l'ennemie du progrès et de la civilisation !

Ainsi, vous le voyez, rien de ce que nos adversaires mettent en avant ne nous dit le *pourquoi* de l'universelle persécution qu'ils appellent et organisent, autant qu'ils le peuvent, contre les fils de Loyola. Rien de ce qu'ils disent, pour légitimer leurs attaques, ne nous apprend le vrai mot du mystère. Leur haine, pour se justifier devant la raison populaire, s'enveloppe de formules banales, dont le prestige sur l'âme des peuples est toujours ancien et toujours nouveau ; mais, aucune de ces formules ne nous dit la vraie cause, le vrai pourquoi de la persécution qui s'attache à nos pas.

Oh ! non, mille fois non, j'en jure par la vérité, j'en jure sur le cœur de mes frères et sur le mien ; là, dans tout ce que vous venez d'entendre, là n'est pas, là ne peut pas être, le motif réel, la cause véritable de la persécution qui s'acharne contre nous.

Pourquoi on nous persécute ?

Ah ! je le dirai tout haut; car désormais, pour nous à cet étrange phénomène il n'y a plus de mystère, il ne peut plus y en avoir.

On nous persécute, parce que, — nos ennemis le savent — nous sommes voués jusqu'au sacrifice de la vie, à la défense de la Papauté, de l'Eglise et de Jésus-Christ, c'est-à-dire de tout ce que poursuivent nos propres ennemis, et que, pour les défendre, nous sommes décidés à ne pas reculer même devant la mort.

Certes, il s'en faut bien que nous soyons les seuls, et nous n'avons pas le droit de nous dire nous-mêmes ce que l'ennemi nous proclame, à savoir, *les premiers*. Il en est, dans d'autres légions apostoliques, d'aussi vaillants, et pourquoi ne le diraisje pas tout haut, de plus vaillants que nous. L'héroïsme est de toutes les légions, qui portent la bannière de Jésus-Christ ; et, le drapeau du Christianisme ombrage partout de magnanimes soldats. Qui pourrait le contester ? Mais, à tort ou à raison, aux yeux de nos adversaires, nous sommes l'*avant-garde* ; nous sommes au front des grandes batailles livrées à l'Eglise et à la Papauté ; et c'est le plus grand de nos ennemis, si je ne me trompe, qui nous a fait un nom et un rôle qu'assurément nous méritions trop peu. C'est Voltaire, oui c'est Voltaire lui-même, qui pour mieux nous signaler aux traits de sa légion antichrétienne, nous nommait, dans sa langue, *les grenadiers du Pape*. Grenadiers ou non, avant-garde ou non, le fait est que c'est sur nous, d'ordinaire, que tombent leurs premiers coups ; et je n'ai pas à démontrer ici ce fait qui s'impose à toutes les convictions, comme s'impose à tous les yeux la lumière du soleil.

Pourquoi on nous persécute, et d'une persécution si constante, si universelle, si réservée, si opiniâtre, si acharnée ? Ah ! est-il besoin de vous le dire ? Est-ce que la révolution, par le bruit qu'elle fait autour de ces deux grands noms, *Ignace de Loyola et Compagnie de Jésus* ne vous le dit pas assez ? Est-ce que, par ses mille organes accusateurs et persécuteurs, elle ne vous crie pas assez haut, pourquoi elle veut nous frapper, et nous frapper les premiers?

La révolution veut nous frapper, et nous frapper les premiers ; par ce qu'ici encore, tout désarmés et tout pacifiques que nous sommes, elle nous considère non-seulement comme ses ennemis, mais comme les plus redoutables de ses ennemis.

La Révolution veut nous frapper, et nous frapper les premiers; parce qu'elle estime que partout et toujours, nous défendrons, même jusqu'au sang, ces choses qui portent le monde et qu'elle fait profession publique d'attaquer avec l'Eglise : la famille, la propriété, la religion; et avec ces trois saintes choses, la société.

La Révolution veut nous frapper et nous frapper les premiers, parce qu'elle sait que partout et toujours, nous lui opposerons le *non possumus* de la vérité dogmatique, religieuse et sociale; parce que, nous aussi, nous sommes *intransigeants;* parce qu'elle sait que nous voulons le vrai, tout le vrai, et que jamais nous ne transigerons avec le faux; parce qu'elle sait que nous ne confondrons jamais l'autorité avec son despotisme, la liberté avec son libéralisme, la société avec son socialisme, et jamais la civilisation avec sa barbarie.

Oui, la Révolution veut nous frapper et nous frapper les premiers. Pourquoi? Parce que, vus dans la puissance exorbitante qu'elle nous prête, nous sommes pour elle le principal obstacle qui l'empêche de passer et d'arriver à son but. Donc, à tout prix, et de qu'elle manière que ce soit, il faut nous écarter. Voilà pourquoi elle voudrait nous proscrire, mieux encore, nous broyer sous le passage de son char triomphant, dussent les roues de ce char se tremper dans notre sang !

Ah ! Mes frères, la cause, la vraie cause de la persécution qui, aujourd'hui surtout, s'acharne après la postérité militante d'Ignace de Loyola, la voilà, la voilà se révélant elle-même au grand jour de la publicité.

Donc, arrière les prétextes ; arrière les palliatifs ; arrière les masques ; arrière les hypocrisies ; arrière les causes fictives, imaginaires, mystérieuses !

Il n'y a plus de causes mystérieuses ; il

n'y a plus que la cause manifeste, la vraie cause, se révélant elle-même et par elle-même, dans l'éclat de sa propre évidence.

Aussi, volontiers redirai-je ici ce que naguère un orateur chrétien, étranger à notre Compagnie, ne craignait pas de dire à nos vrais ennemis : « Héritiers des « Pombal, des d'Aranda, des Tanucci ; « pourquoi chercher dans ce que vous « appelez les cachettes de la Compagnie « de Jésus, des secrets dangereux pour « vous et compromettants pour elle-« même? Au lieu de conspirer en Europe, « la Compagnie de Jésus verse, sur toutes « les plages de l'univers, la sueur et le « sang, pour le triomphe et la gloire de « Jésus-Christ. Non, vos prévenus et vos « accusés ne sont pas dans les concilia-« bules de conjurés ; ils sont sur tous « les champs de l'apostolat et sur les « échafauds des martyrs. » Et moi, je dirai à ces grands hommes d'Etat, à ces prudents, à ces habiles, à ces puissants du siècle : Au nom du ciel, jusques à quand vous verra-t-on affecter sans cesse de soupçonner des mystères, des conspirations, des complots, des machinations, et essayer d'effrayer les autres de dangers et de fantômes dont vous ne parvenez pas à vous effrayer sérieusement vous-mêmes? Quand en finirez-vous avec une tactique aussi déloyale qu'elle est malavisée, aussi désastreuse qu'elle est inique et perverse?

Ah! laissez, enfin, vos précautions hypocrites, vos craintes calculées et vos défiances injustes. Allez, votre danger n'est pas où vous prétendez le découvrir, et où le place une multitude égarée par vous. Votre danger, — puisque danger il y a, et que vous le dénoncez tous les jours, — votre danger n'est pas dans nos maisons, dont vous visitez tous les recoins, à l'heure sinistre de nos révolutions; votre danger est ailleurs; il est ailleurs, vous dis-je! Défenseurs ombrageux de cette société que nous travaillons, non à détruire, mais à servir, croyez-en ici une parole aussi sincère qu'elle est dévouée ; d'autres ennemis appellent votre surveillance.

Veillez sur l'*Internationale*, qui affiche publiquement et poursuit sourdement le dessein d'en finir avec ce qu'elle nomme la vieille société.

Veillez sur la *Franc-maçonnerie*, qui cache en ses loges, sous des dehors qui trompent les niais, des complots bien autrement redoutables, que ceux que nous prêtent des calculs hypocrites ou des imaginations affolées.

Veillez sur le *Carbonarisme*, qui médite dans ses ventes, la chute des gouvernements et la ruine des religions.

Veillez sur le *Socialisme*, ce grand ennemi de la société, et sur ses congrès incendiaires où retentissent des discours qui allument et attisent dans les cœurs le foyer de toutes les haines.

Veillez sur le *Communisme*, qui sous le

nom menteur de république fraternelle et et sociale, rêve l'organisation d'un despotisme tel que le monde n'en a jamais vu.

Veillez, enfin, sur la *Révolution*, qui est l'essence de tout cela ; la Révolution, toujours variée dans ses formes qui se renouvellent sans cesse, mais toujours une et toujours identique dans son fond qui ne change jamais.

De grâce, cessez de poursuivre des fantômes ; cessez de feintes alarmes devant des périls imaginaires ; cessez d'affecter des craintes chimériques et des frayeurs folles, devant une Société qui marche partout au grand jour ; devant une Société qui ne demande qu'à vivre en paix, sous la sauvegarde du droit commun et de l'égalité civile ; devant une Société qui aspire à faire du bien à tous, sous l'inspiration de la fraternité, et au grand soleil de la liberté ; devant une Société, enfin, qui n'est pour personne ni une énigme, ni un mystère, ni un mythe, et que vous pouvez toujours connaître assez, selon le beau mot d'un orateur, par les maîtres qui y entrent et par les élèves qui en sortent; et, j'ajouterai, — pour résumer ce que nous venons de dire, — devant une Société qui se manifeste et se justifie assez, et par les ennemis qui l'attaquent, et par la manière dont on l'attaque, et par le motif pour lequel on l'attaque.

Et maintenant, mes frères, vous le voyez, dans l'œuvre de notre Père Ignace, dans la Compagnie de Jésus, il n'y a plus de mystère; il n'y a plus qu'un fait, un fait environné de la plus éclatante lumière, le fait de l'universelle persécution vu sous sa triple face : La persécution *toujours*, la persécution *partout*, la persécution *en tout*.

Et autour de ce fait prodigieux, pour quiconque a le regard limpide, il n'y a plus d'ombres mystérieuses, il ne peut plus y en avoir. Nous savons, à n'en plus pouvoir douter, *qui* nous persécute, *com-*

ment on nous persécute, *pourquoi* on nous persécute; et de ces trois questions, la lumière jaillit à flots sur ce grand phénomène de notre histoire.

O Sauveur, ô Jésus, ô Dieu de Bethléem et du Calvaire, persécuté dans votre naissance, persécuté dans votre vie, persécuté dans votre mort, persécuté dans votre doctrine, persécuté dans votre œuvre, le Christianisme et l'Eglise; ah! nous savons maintenant tout le mystère de la persécution qui nous atteint. Notre association providentielle à votre nom divin, nous associe, tout indignes que nous en sommes, à votre destinée et à la destinée de votre très-sainte épouse, l'Eglise; et, encore bien que tous les chrétiens aient leur part à cette association; encore bien que la persécution, une persécution relative, attende tous ceux qui veulent vivre *pieusement* avec vous et de vous, conformément à cette prophétique parole : « *Omnes qui pie volunt vivere*

« *in Christo Jesu, persecutionem patientur;* »
cependant, il nous est particulièrement consolant et doux, aux jours de l'épreuve, de relire ces mots de votre saint Evangile : « Vous serez haïs à cause de mon nom; « *odio eritis propter nomen meum.* Puis- « qu'ils m'ont persécuté, ils vous persécu- « teront aussi; *quod si me persecuti sunt,* « *et vos persequentur.* »

Merci, ô Jésus, de cette vocation; que dis-je? Merci de cet honneur que vous nous avez fait, d'être, pour notre part, associés à votre vie persécutée; car, c'est la vraie gloire, et c'est aussi la vraie joie des disciples, de ressembler à leur Maître. Continuez, ô divin persécuté, de laisser à Ignace et à sa postérité, au père et aux enfants, ce sceau éclatant de votre divine et sanglante image.

Mais, pour porter dans l'avenir, comme dans le passé, ce poids de la persécution, il nous faut une force surhumaine, une force sans laquelle notre faiblesse serait accablée, découragée, désespérée peut-être; il nous faut la force de votre amour. Donc, vous dirons-nous avec notre père Ignace : Donnez-nous votre amour, et nous sommes assez riches; donnez-nous votre amour, et nous pouvons dédaigner tout le reste; donnez-nous votre amour, et nous sommes assez forts pour résister à tout ce qui nous attaque et pour supporter le poids de tout ce qui menacerait de nous accabler.

Et,parce que nous sommes des hommes, gardez-nous, avec votre amour, la sympathie secourable de ceux qui nous aiment avec vous, en vous, à cause de vous. Quelle sympathie? La vôtre, mes frères, et celle de tous ceux qui vous ressemblent; cette sympathie qui, après la joie, qui nous vient directement de Jésus-Christ lui-même, est la meilleure joie de notre vie et la plus grande force dans nos épreuves.

Et, si cette sympathie, publiquement

témoignée, devait vous associer, dans une mesure, à notre vie persécutée; ah! gardez avec nous l'invincible espérance que nous serons tous récompensés et triomphants avec Jésus-Christ, au ciel, dans la mesure où nous aurons été persécutés et crucifiés avec lui sur la terre.

AMEN.

Paris. — E. de Soye et Fils, imp., pl. du Panthéon, [illegible]

www.ingramcontent.com/pod-product-compliance
Lightning Source LLC
LaVergne TN
LVHW040943150826
845672LV00002B/521

9782376644453